LES PARASITES
REPOUSSANTS ET DÉGOÛTANTS

Un livre de la collection
Les branches de Crabtree

Julie K. Lundgren

CRABTREE
Publishing Company
www.crabtreebooks.com

T0019756

Soutien de l'école à la maison pour les parents, les gardiens et les enseignants

Ce livre très intéressant est conçu pour motiver les élèves en difficulté d'apprentissage grâce à des sujets captivants, tout en améliorant leur fluidité, leur vocabulaire et leur intérêt pour la lecture. Voici quelques questions et activités pour aider le lecteur ou la lectrice à développer ses capacités de compréhension.

Avant la lecture

- *De quoi ce livre parle-t-il?*
- *Qu'est-ce que je sais sur ce sujet?*
- *Qu'est-ce que je veux apprendre sur ce sujet?*
- *Pourquoi je lis ce livre?*

Pendant la lecture

- *Je me demande pourquoi...*
- *Je suis curieux de savoir...*
- *En quoi est-ce semblable à quelque chose que je sais déjà?*
- *Qu'est-ce que j'ai appris jusqu'à présent?*

Après la lecture

- *Qu'est-ce que l'autrice veut m'apprendre?*
- *Nomme quelques détails.*
- *Comment les photographies et les légendes m'aident-elles à mieux comprendre?*
- *Lis le livre à nouveau et cherche les mots de vocabulaire.*
- *Ai-je d'autres questions?*

Activités complémentaires

- *Quelle est ta section préférée de ce livre? Rédige un paragraphe à ce sujet.*
- *Fais un dessin représentant l'information que tu as préférée dans ce livre.*

TABLE DES MATIÈRES

DES HORREURS CACHÉES

Tourne ces pages pour découvrir un monde invisible de minuscules bestioles. Les parasites sont des formes de vie qui vivent sur une autre forme de vie ou dans celle-ci. Ils volent la nourriture et autres ressources et causent des blessures, des maladies ou même la mort.

Un parasite effrayant! Il n'est pas recommandé de manger en lisant un livre sur les parasites!

Les parasites vivent partout, même sous notre peau, dans nos cheveux, dans nos intestins et dans notre sang.

Certains parasites vivent à l'intérieur de leur **hôte.** D'autres vivent à l'extérieur de leur hôte. Les parasites peuvent avoir un cycle de vie simple ou complexe.

Les perruches ondulées peuvent attraper la gale du bec, une maladie causée par des acariens parasitaires.

Vers intestinaux

Des œufs microscopiques dans la nourriture ou l'eau peuvent éclore et devenir de longs vers à l'intérieur de l'intestin humain.

DES INVITÉS INDÉSIRABLES

Les parasites utilisent des animaux et des humains hôtes comme source de nourriture, maison et mode de transport gratuits.

Les animaux se toilettent eux-mêmes ou entre eux pour retirer les parasites dans la fourrure et les plumes.

Ils ne sont pas les bienvenus!
Les poux se blottissent contre le cuir chevelu
humain, en particulier derrière les oreilles
et sur la nuque, là où ils sont bien au chaud.
Ils boivent du sang, grandissent et pondent
des lentes. Les lentes éclosent en environ
une semaine. Débarrasse-toi de ces bestioles
communes qui démangent
avec un shampoing
spécial et un
peigne fin.

Parfois, les parasites sont transmis aux gens par les animaux de compagnie. Les chiens et les chats peuvent être porteurs d'ankylostomes, qui se trouvent dans leurs intestins et leurs excréments. Les gens attrapent ces vers quand ils entrent en contact avec de la terre ou des excréments infestés.

Marcher pieds nus sur la plage ou dans la cour arrière peut entraîner une infestation d'ankylostomes.

Larva migrans
(infection à l'ankylostome)

Ancylostoma braziliense

Éruption rampante

Meilleur conseil!
Ramasse les crottes d'animaux immédiatement, puis lave-toi les mains.

1. Oups…

2. S'il te plaît, ne me quitte pas!

3. Mets ta main dans le sac

4. Ramasse la crotte

5. Tadam!

Les acariens s'enfoncent dans la peau pour se nourrir et pondre des œufs. Ils causent une irritation rouge, suintante et qui démange.
Les acariens se transmettent facilement d'une personne à une autre.

Les gens utilisent une crème spéciale pour tuer les acariens et les œufs sur la peau. Les animaux aussi peuvent avoir des acariens!

Les poissons sont aussi porteurs de parasites. Le pou de langue se fixe sur la langue d'un poisson. Au fil du temps, il remplace la langue et se nourrit du sang et du **mucus** du poisson.

Le pou de langue infeste la bouche de poissons que nous mangeons, comme les vivaneaux rouges.

Des cousins effrayants

Les poux de langue sont de la même famille que les crabes, les crevettes et les homards.

Certains parasites n'affectent que certains hôtes. **Giardia** vit dans l'eau et dans la terre. Il infeste de nombreux animaux sans les déranger. Les humains, par contre, souffrent de vomissements, de **diarrhée** et de gaz.

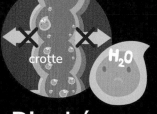

Gros intestin (côlon)

crotte

Normal
Le côlon absorbe l'eau

Diarrhée
Le côlon ne peut pas absorber l'eau

Les castors, le bétail, les chiens et les chats portent le type de Giardia qui rend les humains malades.

Giardia lamblia

17

LE CONTRÔLE DE L'ESPRIT

Savais-tu que certains parasites peuvent provoquer des changements dans le cerveau et transformer leur hôte en zombie?

Des escargots qui toussent, du mucus vivant, des fourmis zombies et des vaches confuses sont tous victimes de la petite douve.

Ne bois pas le mucus

Les petites douves vivent dans les escargots. Les escargots toussent et expulsent du mucus contenant des larves de petite douve. Les larvent prennent le contrôle du cerveau des fourmis assoiffées. La nuit, les fourmis infestées grimpent aux brins d'herbe et y restent paralysées. Pendant le jour, les fourmis se comportent normalement. Cela se répète jusqu'à ce qu'elles soient mangées par l'hôte principal, la vache! Les vaches rejettent les œufs de douve dans leurs excréments et les escargots mangent les œufs.

Cycle de vie de la petite douve

Le ver des méninges infeste son hôte principal, le cerf de Virginie, quand le cerf mange accidentellement des escargots infestés dans les pâturages. Bien qu'il ne représente pas de problème pour les cerfs, ce parasite cause de graves problèmes aux orignaux.

Il n'existe pas de traitement pour soigner les orignaux infestés de vers des méninges.

La folie de l'orignal

Les vers des méninges creusent des tunnels et détruisent le cerveau des orignaux. Les orignaux infestés cessent de manger, ont de la difficulté à marcher et meurent en quelques semaines. Les agents de la faune travaillent à empêcher la propagation de ce parasite.

21

DES REPAS SANGLANTS

De nombreux parasites se nourrissent de sang. Les tiques utilisent une paire de rostres acérés pour creuser et s'accrocher à la peau de l'hôte. La tique utilise aussi ces organes comme une paille pour sucer le sang.

Un grand nombre de tiques peuvent causer une perte de sang suffisante pour affaiblir un animal.

D'autres cousins effrayants

Les tiques et les acariens ont huit pattes et sont dans la même famille que les araignées. Ils ne sont pas des insectes.

De nombreux types de **moustiques** et de mouches piqueuses se nourrissent uniquement de sang. Les animaux à la peau dure ont tout de même des points faibles autour des yeux, des oreilles ou d'autres parties parfaites pour les piqûres.

Le corps du moustique devient rouge en se remplissant du sang de son hôte.

TRAVAILLER AVEC LES MALADIES

Les parasites peuvent transmettre des **bactéries** aux hôtes, ce qui peut causer des maladies graves, comme la **malaria.**

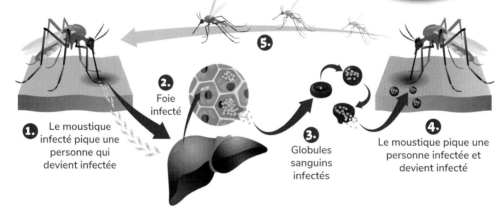

5.

2. Foie infecté

1. Le moustique infecté pique une personne qui devient infectée

3. Globules sanguins infectés

4. Le moustique pique une personne infectée et devient infecté

LA MALARIA DANS LE MONDE

Les moustiques causent la malaria, qui infecte des centaines de milliers de personnes chaque année.

- transmission de la malaria
- risque limité
- aucune malaria

La tique à pattes noires transmet à son hôte une bactérie qui cause la maladie de Lyme. Cette bactérie peut causer de la fatigue, de la fièvre, une rougeur, des maux de tête et des problèmes cardiaques et articulaires.

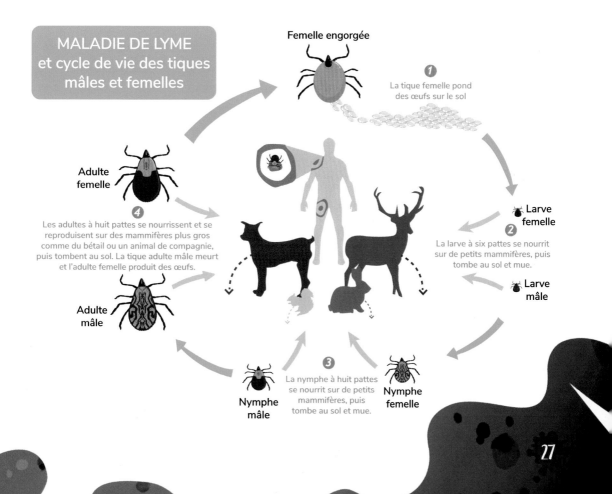

MALADIE DE LYME
et cycle de vie des tiques mâles et femelles

Femelle engorgée

1 La tique femelle pond des œufs sur le sol

Larve femelle

2 La larve à six pattes se nourrit sur de petits mammifères, puis tombe au sol et mue.

Larve mâle

3 La nymphe à huit pattes se nourrit sur de petits mammifères, puis tombe au sol et mue.

Nymphe mâle

Nymphe femelle

Adulte femelle

4 Les adultes à huit pattes se nourrissent et se reproduisent sur des mammifères plus gros comme du bétail ou un animal de compagnie, puis tombent au sol. La tique adulte mâle meurt et l'adulte femelle produit des œufs.

Adulte mâle

As-tu trouvé les parasites repoussants et dégoûtants, mais fascinants? Les parasitologues étudient les parasites et la façon dont ils vivent et agissent pour survivre. Ils aident aussi à résoudre les problèmes liés aux parasites. Pourrais-tu en faire autant?

Les parasitologues de la faune travaillent sur le terrain et en laboratoire.

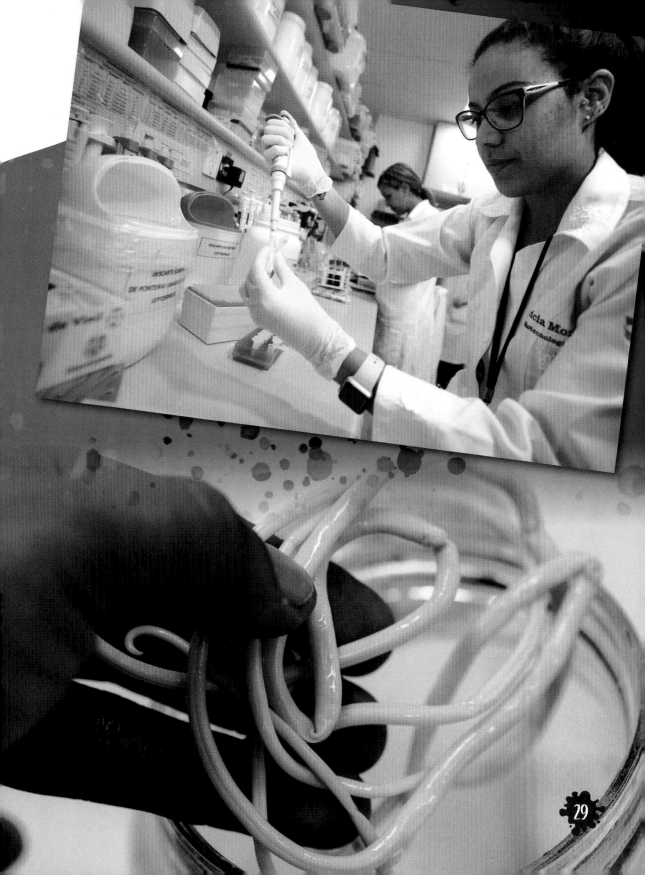

GLOSSAIRE

bactéries (bak-té-ri) : Organismes vivants microscopiques qui peuvent rendre malade

diarrhée (di-a-ré) : Selles molles ou liquides, souvent causées par une maladie

Giardia (jiar-dia) : Type de bactérie parasitaire commun présent dans l'eau, dans le sol et sur des animaux hôtes

hôte (aute) : L'animal sur lequel ou dans lequel vivent des parasites

larves (larv) : Le stade de développement entre l'œuf et l'adulte dans un cycle de vie

lentes (lantt) : Œufs d'insectes parasites, en particulier les poux

malaria (ma-la-ria) : Une maladie tropicale causant de la fièvre et des frissons et entraînant parfois la mort, causée par des bactéries propagées par les moustiques

moustiques (mouss-tik) : Insectes volants dotés d'un rostre pointu comme une aiguille pour boire le sang

mucus (mu-kuss) : Salive ou substance visqueuse produite par le corps pour conserver l'humidité et protéger

petites douves (pe-titt douv) : Vers plats parasitaires ayant un cycle de vie complexe qui comprend des escargots, des fourmis et du bétail

INDEX

SITES WEB À CONSULTER

www.amnh.org/explore/ology/microbiology

https://kids.kiddle.co/Parasitism

www.petsandparasites.org/
parasites-and-your-family

À PROPOS DE L'AUTRICE

Julie K. Lundgren

Julie K. Lundgren a grandi sur la rive nord du lac Supérieur, un endroit qui regorge de bois, d'eau et d'aventures. Elle adore les abeilles, les libellules, les vieux arbres et la science. Elle a une place spéciale dans son cœur pour les animaux dégoûtants et intéressants. Ses intérêts l'ont menée vers un diplôme en biologie et une curiosité sans bornes pour les lieux sauvages.

Production : Blue Door Education pour Crabtree Publishing

Autrice : Julie K. Lundgren

Conception : Jennifer Dydyk

Révision : Tracy Nelson Maurer

Correctrice : Crystal Sikkens

Traduction : Annie Evearts

Coordinatrice à l'impression : Katherine Berti

Photo de la couverture © narong sutinkham, Éclaboussure (sur la couverture et dans le livre) © SpicyTruffel p. 4 © Vit Kovalcik, p. 5 (haut) © Juan Gaertner, (centre) © Zay Nyi Nyi, (bas) © Crevis, p. 6 (oiseau) © Vyaseleva Elena, p. 7 (haut) © Kateryna Kon, (bas) © Rattiya Thongdumhyu, p. 8 © Ninelro, p. 9 (photo des cheveux) © khunkorn, (gros plan de lente) © SciePro, (illustration) © sbeqo, p. 10 © TisforThan, p. 11 (illustration du haut) © Designua. (photo) © PairutPanyamano, (illustrations au bas) © StockSmartStart, p. 12 (les deux images) © SciePro, p. 13 (haut) © Chuck Wagner, (bas) © M. Sam, p. 15 (photo du bas seulement) © Ayah Raushan, p. 16-17 (toutes les illustrations dans l'encadré bleu) © nekoztudio, (les deux autres) © Kateryna Kon, p. 18 (haut et dans le cycle de vie de la p. 19) © D. Kucharski K. Kucharska, (bas) © Suwin, p. 19 (escargot) © Violent_youth67, (fourmis) © Tuxido77, (vache) © WPAINTER-Std, (crotte) © nikiteev_konstantin, p. 20 © Desiree Collier, p. 21 (cerveau) © Neizu, p. 22 (haut) © Aksenova Natalya, (bas) © Kalcutta, p. 23 (haut) © Ivan Popovych, (bas) © KPixMining, p. 24 © Refluo, p. 25 (moustiques volants) © Oxima, (moustique suçant du sang) © Aloun, p. 26 (boîte de pétri) © felipe caparros, (illustration de l'infection par le moustique) © VectorMine, (carte) © Peteri, p. 27 (photo) © AnastasiaKopa, (illustrations) © Crystal Eye Studio, p. 28 (haut) © Sappasit, (bas) © Irina Kozorog, p. 29 (haut) Joa Souza, (bas) © Rattiya Thongdumhyu. Toutes les images proviennent de Shutterstock.com sauf l'acarien de la p. 6 (parasite de l'oiseau) © Alan R Walker https://creativecommons.org/licenses/by-sa/3.0/deed.en, la photo du poisson avec le pou de langue et du pou de langue sur une cuillère p.14-15 © Marco Vinci https://creativecommons.org/ licenses/by-sa/3.0/deed.en, p. 21 (haut) © Cory Thoman | Dreamstime.com

---

Crabtree Publishing Company

www.crabtreebooks.com   1-800-387-7650

Publié aux États-Unis
Crabtree Publishing
347 Fifth Avenue
Suite 1402-145
New York, NY, 10016

Publié au Canada
Crabtree Publishing
616 Welland Ave.
St. Catharines, Ontario
L2M 5V6

Imprimé au Canada/112021/CPC

Catalogage avant publication de Bibliothèque et Archives Canada

Titre: Les parasites repoussants et dégoûtants / Julie K. Lundgren.
Autres titres: Gross and disgusting parasites. Français.
Noms: Lundgren, Julie K., auteur.
Description: Mention de collection: Les choses repoussantes et dégoûtantes | Les branches de Crabtree | Traduction de : Gross and disgusting parasites. | Traduction : Annie Evearts. | Comprend un index.
Identifiants: Canadiana (livre imprimé) 20210359331 | Canadiana (livre numérique) 20210359358 | ISBN 9781039603189 (couverture souple) | ISBN 9781039603240 (HTML) | ISBN 9781039603301 (EPUB)
Vedettes-matière: RVM: Parasites—Ouvrages pour la jeunesse. | RVM: Parasites—Miscellanées—Ouvrages pour la jeunesse. | RVM: Parasitisme—Ouvrages pour la jeunesse. | RVM: Parasitisme—Miscellanées—Ouvrages pour la jeunesse. | RVMGF: Documents pour la jeunesse.
Classification: LCC QL757 .L8614 2022 | CDD j591.7/857—dc23

LES PARASITES
REPOUSSANTS ET DÉGOÛTANTS

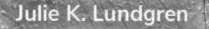

Julie K. Lundgren

Les branches de Crabtree